KB101212

OKR

3 MONTH PLANNER

단순한 본질로 빠르게 성과가 나온다

O   *Objective*   가슴 뛰는 목표를 설정하라

K   *Key*   강력하지만 단순한

R   *Results*   시스템으로 실행하라

_____년 _____월 _____일부터

_____년 _____월 _____일까지

MONTH

1 MONTH

MONTHLY PLAN	MONDAY	TUESDAY	WEDNESDAY
TO DO LIST			

THURSDAY	FRIDAY	SATURDAY	SUNDAY

Objective Key Results

O

KR

• MONDAY •

• TUESDAY •

- WEDNESDAY -

- THURSDAY -

- FRIDAY -

- NOTE -

1 DAY MONDAY

• TO DO •	• DOING •	• DONE •

• KEEP •	• TRY •	• ACTION •

• PROBLEM •

• TO DO •

• DOING •

• DONE •

• KEEP •

• TRY •

• ACTION •

• PROBLEM •

3
DAY WEDNESDAY

• TO DO •	• DOING •	• DONE •

• KEEP •	• TRY •	• ACTION •

• PROBLEM •

• TO DO •

• DOING •

• DONE •

• KEEP •

• TRY •

• ACTION •

• PROBLEM •

• TO DO •	• DOING •	• DONE •

• KEEP •	• TRY •	• ACTION •

• PROBLEM •

Objective **K**ey **R**esults

O

KR

• MONDAY •

• TUESDAY •

• WEDNESDAY •

• THURSDAY •

• FRIDAY •

• NOTE •

1
DAY MONDAY

• TO DO •	• DOING •	• DONE •

• KEEP •	• TRY •	• ACTION •
• PROBLEM •		

• TO DO •

• DOING •

• DONE •

• KEEP •

• TRY •

• ACTION •

• PROBLEM •

3
DAY WEDNESDAY

• TO DO •	• DOING •	• DONE •

• KEEP •	• TRY •	• ACTION •

• PROBLEM •

• TO DO •

• DOING •

• DONE •

• KEEP •

• TRY •

• ACTION •

• PROBLEM •

5 DAY FRIDAY

• TO DO •	• DOING •	• DONE •

• KEEP •	• TRY •	• ACTION •

• PROBLEM •

Objective **K**ey **R**esults

O

KR

• MONDAY •

• TUESDAY •

• WEDNESDAY •

• THURSDAY •

• FRIDAY •

• NOTE •

1
DAY MONDAY

• TO DO •	• DOING •	• DONE •

• KEEP •	• TRY •	• ACTION •

• PROBLEM •

• TO DO •

• DOING •

• DONE •

• KEEP •

• TRY •

• ACTION •

• PROBLEM •

3
DAY WEDNESDAY

• TO DO •	• DOING •	• DONE •

• KEEP •	• TRY •	• ACTION •

• PROBLEM •

• TO DO •

• DOING •

• DONE •

• KEEP •

• TRY •

• ACTION •

• PROBLEM •

5 DAY FRIDAY

• TO DO •	• DOING •	• DONE •

• KEEP •	• TRY •	• ACTION •

• PROBLEM •

4 WEEK

O

KR

• MONDAY •

• TUESDAY •

• WEDNESDAY •

• THURSDAY •

• FRIDAY •

• NOTE •

1 DAY MONDAY

• TO DO •	• DOING •	• DONE •

• KEEP •	• TRY •	• ACTION •

• PROBLEM •

• TO DO •

• DOING •

• DONE •

• KEEP •

• TRY •

• ACTION •

• PROBLEM •

3
DAY WEDNESDAY

• TO DO •	• DOING •	• DONE •

• KEEP •	• TRY •	• ACTION •

• PROBLEM •

• TO DO •

• DOING •

• DONE •

• KEEP •

• TRY •

• ACTION •

• PROBLEM •

5
DAY FRIDAY

| • TO DO • | • DOING • | • DONE • |

| • KEEP • | • TRY • | • ACTION • |

• PROBLEM •

KR

MONTH

MONTHLY PLAN	MONDAY	TUESDAY	WEDNESDAY
TO DO LIST			

THURSDAY	FRIDAY	SATURDAY	SUNDAY

1 WEEK

O

KR

• MONDAY •

• TUESDAY •

• WEDNESDAY •

• THURSDAY •

• FRIDAY •

• NOTE •

1 DAY MONDAY

• TO DO •	• DOING •	• DONE •

• KEEP •	• TRY •	• ACTION •

• PROBLEM •

• TO DO •	• DOING •	• DONE •

• KEEP •	• TRY •	• ACTION •

• PROBLEM •

3
DAY   WEDNESDAY

• TO DO •	• DOING •	• DONE •

• KEEP •	• TRY •	• ACTION •

• PROBLEM •

• TO DO •

• DOING •

• DONE •

• KEEP •

• TRY •

• ACTION •

• PROBLEM •

5
DAY FRIDAY

• TO DO •	• DOING •	• DONE •

• KEEP •	• TRY •	• ACTION •

• PROBLEM •

Objective **K**ey **R**esults

O

KR

• MONDAY •

• TUESDAY •

• WEDNESDAY •

• THURSDAY •

• FRIDAY •

• NOTE •

1 DAY MONDAY

• TO DO •	• DOING •	• DONE •

• KEEP •	• TRY •	• ACTION •

• PROBLEM •

• TO DO •

• DOING •

• DONE •

• KEEP •

• TRY •

• ACTION •

• PROBLEM •

3 DAY WEDNESDAY

• TO DO •	• DOING •	• DONE •

• KEEP •	• TRY •	• ACTION •

• PROBLEM •

• TO DO •

• DOING •

• DONE •

• KEEP •

• TRY •

• ACTION •

• PROBLEM •

5
DAY FRIDAY

• TO DO •	• DOING •	• DONE •

• KEEP •	• TRY •	• ACTION •

• PROBLEM •

3 WEEK

O

KR

• MONDAY •

• TUESDAY •

• WEDNESDAY •

• THURSDAY •

• FRIDAY •

• NOTE •

1 DAY MONDAY

• TO DO •	• DOING •	• DONE •

• KEEP •	• TRY •	• ACTION •

• PROBLEM •

• TO DO •

• DOING •

• DONE •

• KEEP •

• TRY •

• ACTION •

• PROBLEM •

• TO DO •	• DOING •	• DONE •

• KEEP •	• TRY •	• ACTION •

• PROBLEM •

• TO DO •	• DOING •	• DONE •

• KEEP •	• TRY •	• ACTION •

• PROBLEM •		

• TO DO •	• DOING •	• DONE •

• KEEP •	• TRY •	• ACTION •

• PROBLEM •

Objective Key Results

O

KR

• MONDAY •

• TUESDAY •

• WEDNESDAY •

• THURSDAY •

• FRIDAY •

• NOTE •

1 DAY MONDAY

• TO DO •	• DOING •	• DONE •

• KEEP •	• TRY •	• ACTION •

• PROBLEM •

• TO DO •

• DOING •

• DONE •

• KEEP •

• TRY •

• ACTION •

• PROBLEM •

• TO DO •	• DOING •	• DONE •

• KEEP •	• TRY •	• ACTION •

• PROBLEM •

• TO DO •

• DOING •

• DONE •

• KEEP •

• TRY •

• ACTION •

• PROBLEM •

5
DAY FRIDAY

• TO DO •	• DOING •	• DONE •

• KEEP •	• TRY •	• ACTION •

• PROBLEM •

KR

MONTH

MONTHLY PLAN	MONDAY	TUESDAY	WEDNESDAY
TO DO LIST			

THURSDAY	FRIDAY	SATURDAY	SUNDAY

Objective **K**ey **R**esults

O

KR

• MONDAY •

• TUESDAY •

• WEDNESDAY •

• THURSDAY •

• FRIDAY •

• NOTE •

1
DAY MONDAY

• TO DO •	• DOING •	• DONE •

• KEEP •	• TRY •	• ACTION •

• PROBLEM •

• TO DO •

• DOING •

• DONE •

• KEEP •

• TRY •

• ACTION •

• PROBLEM •

• TO DO •

• DOING •

• DONE •

• KEEP •

• TRY •

• ACTION •

• PROBLEM •

• TO DO •

• DOING •

• DONE •

• KEEP •

• TRY •

• ACTION •

• PROBLEM •

5
DAY FRIDAY

• TO DO •	• DOING •	• DONE •

• KEEP •	• TRY •	• ACTION •

• PROBLEM •

Objective **K**ey **R**esults

O

KR

• MONDAY •

• TUESDAY •

• WEDNESDAY •

• THURSDAY •

• FRIDAY •

• NOTE •

1 DAY MONDAY

• TO DO •	• DOING •	• DONE •

• KEEP •	• TRY •	• ACTION •

• PROBLEM •

• TO DO •

• DOING •

• DONE •

• KEEP •

• TRY •

• ACTION •

• PROBLEM •

3
DAY   WEDNESDAY

• TO DO •	• DOING •	• DONE •

• KEEP •	• TRY •	• ACTION •

• PROBLEM •

• TO DO •	• DOING •	• DONE •

• KEEP •	• TRY •	• ACTION •

• PROBLEM •

5
DAY FRIDAY

• TO DO •	• DOING •	• DONE •

• KEEP •	• TRY •	• ACTION •

• PROBLEM •

O

KR

• MONDAY •

• TUESDAY •

• WEDNESDAY •

• THURSDAY •

• FRIDAY •

• NOTE •

1 DAY MONDAY

• TO DO •	• DOING •	• DONE •

• KEEP •	• TRY •	• ACTION •

• PROBLEM •

• TO DO •	• DOING •	• DONE •

• KEEP •	• TRY •	• ACTION •

• PROBLEM •		

• TO DO •	• DOING •	• DONE •

• KEEP •	• TRY •	• ACTION •

• PROBLEM •

• TO DO •

• DOING •

• DONE •

• KEEP •

• TRY •

• ACTION •

• PROBLEM •

5
DAY FRIDAY

• TO DO •	• DOING •	• DONE •

• KEEP •	• TRY •	• ACTION •

• PROBLEM •

Objective Key Results

O

KR

• MONDAY •

• TUESDAY •

• WEDNESDAY •

• THURSDAY •

• FRIDAY •

• NOTE •

**1
DAY** MONDAY

| • TO DO • | • DOING • | • DONE • |

| • KEEP • | • TRY • | • ACTION • |

| • PROBLEM • |

• TO DO •

• DOING •

• DONE •

• KEEP •

• TRY •

• ACTION •

• PROBLEM •

3
DAY   WEDNESDAY

• TO DO •	• DOING •	• DONE •

• KEEP •	• TRY •	• ACTION •

• PROBLEM •

• TO DO •

• DOING •

• DONE •

• KEEP •

• TRY •

• ACTION •

• PROBLEM •

5
DAY FRIDAY

• TO DO •	• DOING •	• DONE •

• KEEP •	• TRY •	• ACTION •

• PROBLEM •

KR

O Objective
K Key
R Results

Objective

Key

Results

OKR 실천편
별책부록: OKR 3 MONTH PLANNER

펴낸곳: 한국경제신문 한경BP
비매품